Hans Jürgen Press
Die heiße Spur

Foto: © privat

DER AUTOR

Hans Jürgen Press (1926-2002) gilt als der Vater der Wimmelbilder. Er arbeitete als Karikaturist, Grafiker und Autor zahlreicher Kinder- und Jugendbücher. Sein Sohn Julian Press, selbst Autor und Illustrator, hat es übernommen, seinen Nachlass zu sichten und dieses Buch aus Archivmaterial zusammenzustellen.

Hans Jürgen Press

Die heiße Spur

Über fünfzig Ratekrimis
und Rätselbilder

cbj

Kinder- und Jugendbuchverlag
in der Verlagsgruppe Random House

Verlagsgruppe Random House FSC® N001967
Das für dieses Buch verwendete
FSC®-zertifizierte Papier *Salzer Alpin*
liefert Salzer Papier, St. Pölten, Austria

9. Auflage
Erstmals als cbj Taschenbuch April 2008
© 2002 cbj, München
Alle Rechte dieser Ausgabe vorbehalten durch
cbj, München
Umschlagbild und Illustrationen:
Hans Jürgen Press
Konzeption und Überarbeitung: Julian Press
Lektorat: Bertrun Jeitner-Hartmann
Umschlaggestaltung: Atelier Langenfass, Ismaning
he · Herstellung: BB
Satz: Uhl + Massopust, Aalen
Druck und Einband: GGP Media GmbH, Pößneck
ISBN: 978-3-570-21857-0
Printed in Germany

www.cbj-verlag.de

Inhalt

Die Pavianbande
Seite 7

Im Wald bei Förster Grünkorn
Seite 29

Von Seefahrern und Piraten
Seite 41

Unterwegs mit Professor Löwenzahn
Seite 57

Abenteuer im Wilden Westen
Seite 83

Den Dieben auf der Spur
Seite 103

Auf Schatzsuche
Seite 113

Auflösungen
Seite 124

Die Pavianbande

Zehn Ratekrimis für Meisterdetektive

Ein mysteriöser Fall

Habt ihr das gehört?«, fragte Angela aufgeregt, als die Paviane an diesem Sonntagmorgen unterwegs waren.

»Ja«, antwortete Patrick, »da hat jemand um Hilfe gerufen!«

Eddie und die Paviane rannten den Fußweg entlang und sahen eine Frau am Fenster eines Hauses. Sie schrie noch einmal »Hilfe!«, bevor sie verschwand und das Fenster zuklappte.

»Los, zum zweiten Stock!«, befahl Eddie. »Wir schauen mal nach!«

Sekunden später starrten alle in einen verwinkelten, dunklen Flur mit mehreren Türen auf einer Seite.

»In einem dieser Zimmer …«, flüsterte Angela.

Die Paviane klopften überall an, aber es meldete sich niemand.

»Heee«, rief Viktor auf einmal. Er winkte hastig, während er durch ein Schlüsselloch guckte. »Von hier kam der Hilferuf!«

Woran hatte Viktor das erkannt?

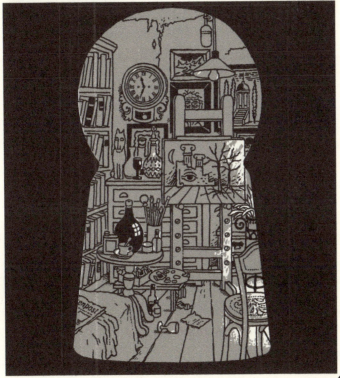

Eine feine Adresse

Bereits am nächsten Tag hatte die Pavianbande es mit einem Verkehrssünder zu tun. Während Eddie noch in seinem Notizbuch blätterte, betrachteten die Paviane das Hinterhaus, in dem ein gewisser Herr Hellmann gesucht wurde.

»Nun, worauf warten wir noch?«, fragte Angela.

Im dunklen Treppenflur stolperte Viktor zweimal, bis endlich die richtige Tür im ersten Stock gefunden war.

»Aufmachen, Polizei!«, rief Eddie.

Die Tür war nicht verriegelt und Hellmann lag im Bett.

»Gibt's was?«, fragte er gequält.

»Fahrerflucht in der Prinzenstraße, heute Vormittag«, antwortete Eddie, »und Ihre Autonummer wurde notiert.«

»Unmöglich!«, rief Hellmann. »Ich liege seit gestern mit Hexenschuss im Bett und kann mich überhaupt nicht rühren.«

Eddie blickte sich um.

»Der Mann hat gelogen!«, sagte Patrick.

Was hatte Patrick beobachtet?

Kurzschluss im Royal

Zur Belohnung für die Mithilfe zur Lösung des vorherigen Kriminalfalles lud Eddie die Paviane abends ins Hotel Royal ein.

»Ich hab's!«, flüsterte Patrick und tippte mit dem Finger auf die Speisekarte.

»Was hast du?«, fragte Angela.

»Es heißt ›Soufflé Surprise‹, was die beiden Damen da am Nachbartisch – heee, was soll das!«

Patrick brach mitten im Satz ab, denn im Saal war es plötzlich stockdunkel.

»Licht!«, schrie jemand, einige Gäste wurden unruhig. Eddie schaute auf seine Uhr.

»Genau zwanzig Sekunden«, bemerkte er, als das Licht wieder anging. Die Paviane sahen, dass die eine Dame von nebenan leichenblass dasaß.

»Ich könnte auf der Stelle losschreien«, sagte sie, »meine Diamantbrosche ist verschwunden.«

»Können wir Ihnen vielleicht helfen?«, fragte Angela.

»Wir können es wirklich«, fügte Viktor hinzu, »ich habe nämlich etwas beobachtet.«

Wen verdächtigte Viktor und warum?

Der Speisesaal im Hotel Royal, kurz vor dem Verbrechen.

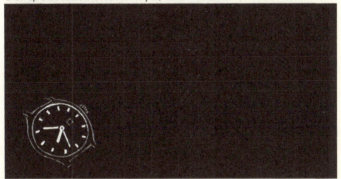
Eine kleine Stromunterbrechung, der Dieb hatte eine Chance.

Eddie und die Pavianbande sind dem Täter auf der Spur.

Ein aufregendes Fest

Den Weihnachtsabend verbrachten die Kinder in einer Berghütte – Viktors Onkel und Tante hatten die Pavianbande eingeladen. Am Kamin erzählte der Onkel, wie Weihnachten früher war: »Viel aufregender als heute!«

Die Paviane betrachteten die uralten Spielsachen des Onkels, die er alljährlich unter den Tannenbaum stellte.

»Klirr!«, machte es da plötzlich.

»Habt ihr das ge…? Das Schiff! Das Schiff!«, rief Patrick.

Alle sahen, wie eine Hand durch das Fenster kam und im Nu das Spielzeugschiff ergriff. Tino bellte und die Paviane stürzten zur Tür.

»Zieht euch warm an, Kinder!«, rief die Tante.

Draußen fanden sie eine Skispur.

»Der ist weg«, sagte Angela.

Viktor ließ den Strahl der Taschenlampe über den verschneiten Boden gleiten.

»Seht mal«, rief er, »der Dieb hat etwas verloren.«

Was hatte Viktor entdeckt?

Heiße Spur im Schnee

Den nehmen wir mit!«, sagte Angela und hob den Skistock auf, der unter der Tanne lag.

»Weiter!«, befahl Patrick. Die Paviane stapften bergab durch den Schnee und Tino blieb mit seiner Nase in der Skispur, bis diese vor einer Treppe endete.

»Klar, hier hat der Dieb die Skier abgeschnallt«, stellte Angela fest.

»Und da?«, fragte Viktor.

»Da hat er seine Beute hingelegt.«

Alle erkannten jetzt den perfekten Abdruck des gestohlenen Spielzeugschiffes im Schnee. Zwei Minuten später drückten sich die Paviane an den Fenstern der »Sansibar« unten am Fluss die Nasen platt.

»Fehlanzeige!«, sagte Viktor, »von dem Blechschiff keine Spur.«

»Aber ich sehe was, das zu dem Spielzeug gehört«, bemerkte Angela.

Was hatte sie entdeckt?

Fahndung am Morgen

Der Aufziehschlüssel, den Angela in der »Sansibar« liegen sah, gehörte mit Sicherheit zu dem gestohlenen Spielzeugschiff. Verdächtig war ein Mann mit einem Pflaster auf der rechten Wange. Die Paviane kamen am nächsten Tag in aller Frühe wieder zum Fluss und brachten Cousin Eddie von der Kripo mit.

»Wir bleiben hinterm Schleusenhaus«, sagte Eddie, »hier sehen wir uns alle Nachtschwärmer an, die von der ›Sansibar‹ kommen.«

Um fünf nach acht sah Angela endlich den Mann mit dem Pflaster.

»Er hat bestimmt das Schiff in seiner Plastiktüte«, flüsterte sie.

Eddie empfing ihn auf der Brücke, aber er sah gleich, dass die Tüte leer war.

»Er muss das Schiff schnell versteckt haben, um es später wieder zu holen«, sagte Viktor.

»Also suchen wir!«, schlug Patrick vor.

Wo fanden die Paviane das Spielzeugschiff?

Besuch am Freitagabend

Die Pavianbande war in der Stadt unterwegs, als sie wieder einmal bemerkte, dass etwas nicht mit rechten Dingen zuging.

»Warum ist unser Tino heute so unruhig?«, fragte Angela, als Eddie und die Paviane auf dem Heimweg durch die Körnergasse kamen.

»Das wissen sogar die Hunde!«, antwortete Viktor, »wenn im Fernsehen ein Krimi läuft, sind in der Stadt die Einbrecher unterwegs!«

»Da!« Angela deutete auf eine Person, die in diesem Augenblick auf der anderen Straßenseite über eine Mauer kletterte. Eddie und die Paviane rannten hinüber, und Patrick versuchte auf Eddies Schultern, sich einen Überblick zu verschaffen.

»Siehst du was?«, fragte Eddie.

Patrick schwieg. Aber nach einer Weile schwang er sich herunter und flüsterte: «Ich weiß, wo der Mann steckt!«

»Dann ab zum Telefon«, sagte Eddie kurz, »eins–eins–null!«

Was hatte Patrick bemerkt?

Eine alte Bekannte

Hallo, Herr Kommissar!«, rief eine Frau und winkte, als sie am »Café Roma« vorbeikam.

»Ach, sieh an, Frau Feuerbach, lange nicht gesehen«, bemerkte Eddie, der mit seinen Pavianen im Café bei einer Cola saß. Die Frau verschwand, aber kaum eine halbe Stunde später war sie wieder da. Sie stürmte in das Café und schluchzte: »Einbruch! In meiner Wohnung! Vorhin, als ich weg war.«

Am Tatort sah es wirklich schlimm aus. Eddie befragte Frau Feuerbach: »Haben Sie hier etwas angefasst?«

»Nein!«, antwortete Frau Feuerbach.

»Sind Sie gegen Diebstahl versichert?«

»Ja, zum Glück!«

Die Paviane schauten sich um.

»Moment mal«, sagte Viktor plötzlich.

»Was hast du?«, fragte Angela.

»Den Beweis, dass der Einbruch nur vorgetäuscht ist!«

Was hatte Viktor entdeckt?

Tatort Hafengasse

Auf dem Heimweg vom Stadtfest wurden Eddie und die Pavianbande Zeuge eines erneuten Vorfalls. Das plötzliche Klirren einer Glasscheibe erschreckte sie so sehr, dass Viktor das Eis von der Waffel rutschte. Eddie und die Paviane rannten bis zur Ecke der Hafengasse und erspähten dort einen Mann, der gerade mit einem Arm im Schaufenster eines Schmuckladens steckte.

»Los, Leute«, flüsterte Eddie, »lauft um den Häuserblock!«

Eine Weile später spazierte der Mann genau in Eddies Arme.

»Hände hoch! Polizei«, sagte Eddie, »her mit dem Glitzerkram!«

»Durchsuchen Sie ruhig alle meine Taschen«, antwortete der Mann, »bei mir finden Sie nichts!«

Da trat Angela von hinten heran, winkte aufgeregt und rief: »Aufpassen, ein ganz neuer Räubertrick!«

Wo vermutete Angela den Schmuck?

Ein Dieb an Bord

Die »Sandy« mit Eddie und der Pavianbande an Bord hatte Kurs auf den Eismann im Hafen genommen. Vor dem Bootssteg 3 nahm Patrick plötzlich das Gas weg.

»Da ist was im Busch«, sagte er.

Aus den Wortfetzen, die der Wind herübertrug, konnten die Paviane sich zusammenreimen, was passiert war. Vor wenigen Minuten war aus der Kajüte der »Penelope« eine Fotoausrüstung gestohlen worden.

»Ich habe vorhin die Reling mit Rostschutzfarbe angepinselt und bin nur mal kurz an Land gegangen, um Zigaretten zu holen«, erklärte der Bootsbesitzer aufgeregt.

»Ist das ein Fall für uns?«, fragte Eddie, als Patrick die »Sandy« ins benachbarte Hafenbecken lenkte.

»Na klar«, bestätigte Viktor, »ich habe schon eine Spur.«

Wen verdächtigte er?

Im Wald bei Förster Grünkorn

Vier Fälle für findige Füchse

Wo ist Napoleon?

Im Försterhaus, mitten im Uhlenwald, wohnte Waldemar Grünkorn mit seiner Familie. Jeden Morgen, wenn über dem Wald die Sonne aufging, knarrte die alte Eichentür des Försterhauses. Dann erschienen Waldemar Grünkorn, seine Frau und seine beiden Kinder Florian und Charlotte auf dem Balkon, um den Frühstückstisch zu decken.

»Ach, Kaffeeduft am Morgen zerstreut Kummer und Sorgen«, rief Förster Grünkorn freudestrahlend an diesem Morgen.

»Habt ihr Napoleon gesehen?«, fragte Florian.

Verwundert schaute sich die Familie nach ihrem treuen Vierbeiner um.

»Ich weiß, wo er steckt«, antwortete Charlotte nach einem kurzen Moment.

Wo war der Hund Napoleon?

Ein Dieb ist unterwegs

An einem Freitagnachmittag beobachtete Förster Grünkorn bei seinem Rundgang in seinem Revier eine merkwürdige Gestalt, die gerade im Begriff war, mit einem Sack durch das Küchenfenster eines Hauses hinauszuklettern.

»Fass ihn, Napoleon!«, rief Förster Grünkorn seinem Dackel hinterher, der sich an die Fersen des davoneilenden Diebes heftete. Erst jetzt bemerkte Förster Grünkorn, dass es sich um den steckbrieflich gesuchten Ede Kurzback handelte.

Kurzback konnte jedoch seine Verfolger blitzschnell abschütteln und seine Spur verlor sich schon bald im Dunkel der Tannenschonung. Förster Grünkorn befürchtete bereits, die Fährte verloren zu haben, als plötzlich der Dackel bellte. Mit einem Blick hatte der Förster eine getarnte Höhle entdeckt, wo sich Ede Kurzback aufzuhalten schien.

Wo entdeckte Grünkorn die Höhle?

Die Falltür zur Höhle

Heilige Haselnuss!«, schimpfte Förster Grünkorn, »eine Räuberhöhle in meinem Wald!«

Dackel Napoleon spürte unter dem Moos eine Falltür auf, Förster Grünkorn öffnete sie und blickte in das Erdloch.

»Keine Menschenseele«, murmelte Grünkorn vor sich hin. Er wartete noch eine Zeit lang, aber Ede Kurzback ließ sich nicht mehr blicken.

Am nächsten Morgen besuchte der Förster die Höhle von neuem und stellte sofort fest, dass inzwischen jemand hier gewesen sein musste.

Woran erkannte Förster Grünkorn das?

»Ob heute Abend wohl jemand hierher zurückkehrt?«

»Donnerwetter, hier war inzwischen jemand!«

Ein Holzdieb im Wald

Knapp eine Woche nachdem Ede Kurzback in seiner unterirdischen Höhle festgenommen werden konnte, machte Förster Grünkorn erneut einen Rundgang durch sein Revier.

»Heiliger Hubertus«, brummte Grünkorn, »ein Holzdieb in meinem besten Revier!«

Sofort machte er sich mit seinem Dackel Napoleon auf die Suche nach dem Täter. In einer Waldlichtung stieß er auf mehrere Waldarbeiter und ihre frisch mit
Holz beladenen Fahrzeuge. Förster Grünkorn prüfte eingehend ihre Wagenladungen und war sich nach kurzer Zeit sicher: »Jawohl, hier ist mein Baumstamm!«

Auf welchem Fahrzeug lag der gestohlene Baumstamm?

Was spukt im Garten?

Was hast du, Napoleon, warum bellst du mitten in der Nacht?«, flüsterte Charlotte und rieb sich die Augen.

Auch Florian war hellwach: »Psst! Napoleon hat Recht, da draußen muss jemand sein!«

Bäng – bäng! machte es plötzlich draußen im Garten.

»Was war das?«, rief Charlotte und saß kerzengerade im Bett.

Florian und Charlotte schauten aus dem Fenster und waren sich nach kurzer Zeit sicher, wer den Lärm verursacht hatte.

Was spukte in der Nacht?

»Ich mache lieber die Fensterläden zu!«, ruft Florian.

Ein Glück, dass Napoleon bei uns ist!, denkt Charlotte.

»Such die Spur!«, ruft Förster Grünkorn.

Von Seefahrern und Piraten

Sieben Suchbildergeschichten zur See

Wo sind der Kapitän, Polly und Pongo?

Schon zum dritten Mal spielte die Bordkapelle der »Amanda« das Lied »Nimm mich mit, Kapitän, auf die Reise …!« Obwohl das Abfahrtssignal schon getutet hatte, blieben der Kapitän, sein Papagei Polly und der Affe Pongo verschwunden. Wo waren die drei Gesuchten?

Keine Spur von Peters Uhr

Judith und Peter machten während ihrer Schulferien eine große Schiffsreise. Als die beiden Kinder eines Tages an der Reling der »Lola« standen, fiel Peters Armbanduhr ins Wasser.

Kapitän Sörensen schickte sofort einen Taucher in die Tiefe, um die Uhr zu suchen. Am Meeresgrund entdeckte dieser einen Riesenkraken, mehrere seltsame Quallen, eine Seeschlange, einen Hai und vielerlei Fischschwärme, die im Schein seiner Taschenlampe vorbeischwammen. Doch von der Uhr fehlte jede Spur.

Wo war die Armbanduhr?

Die dreizehn Steine

Heimlich schlich sich der Seeräuber Pedro Gonzalez von Bord seines Schiffes, um an Land seinen Beuteanteil zu verstecken. Bei einer späteren Schiffsreise wollte er seinen Schatz wieder holen. Um ihn dann leichter finden zu können, markierte er einige Steine mit Zahlen. Aber Pedro sollte nie wieder an diese Küste zurückkommen und sein Schatz liegt noch heute da.

Verbindest du die Steine gedanklich mit einer Linie in der Reihenfolge von 1 bis 13, wirst du auf den Schatz hingewiesen.

Wo ist der Schatz?

Ein Fund für das Museum

Während Professor Wohlgemuth, der Direktor eines bekannten Museums, bei einer Expedition entlang einer einsamen Meeresküste plötzlich vor dem Wrack eines alten Segelschiffes darüber nachgrübelte, wie das Schiff hier gestrandet sein mochte, sah er etwas im Sand blitzen – eine geheimnisvolle Flaschenpost, die auf einen Schatz hinwies!

<u>Waagerecht:</u> 7. rote Gemüsefrucht, 9. Seemann, 10. andere Bezeichnung für Indianer, 11. Himmelsbote.
<u>Senkrecht:</u> 1. Wasserfahrzeug, 2. südamerikanisches Bergtier (es spuckt), 3. Halsschmuck, 4. eisige Kälte, 5. Pflanze mit drei Blättern (selten mit vier Blättern), 6. großer Hügel, 8. starkes Schiffsseil.

Welchen Schatz entdeckte der Professor?

Das Inselrätsel

Kreuz und quer über die Insel führte eine Fährte zu einem Schatz, den der Leuchtturmwärter an diesem Morgen für die Kinder versteckt hatte.

Mach mit bei der Suche und verfolge die Wegbeschreibung auf dem Zettel von Punkt zu Punkt in der jeweils angegebenen Himmelsrichtung.

1. Gehe vom Leuchtturm nach Westen bis zur Mühle.
2. Weiter nach Norden bis zum Verkehrsschild.
3. Biege ab Richtung Osten zum Schafstall.
4. Von da aus weiter zum Kirchturm im Norden.
5. Laufe nun gegen den Wind bis zur Fahne.
6. Fahre mit der Inselbahn zur Station »Witsand«.
7. Eispause unten am Strand.
8. Suche das Boot »Jan«.
9. Der Bug des Bootes weist auf ein Kreuz...Suche es!
10. Klettere hoch und suche den Schatz.

Was findest du am Ende der Fährte?

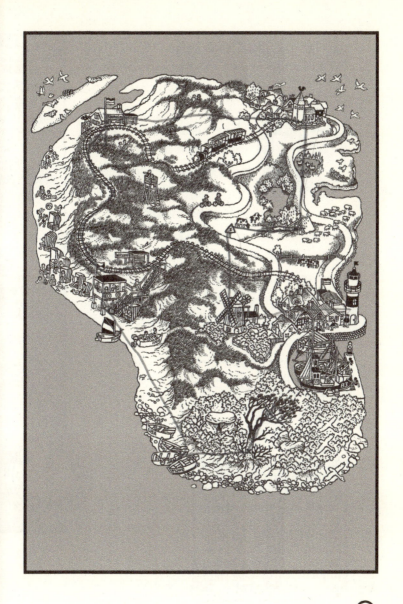

Die Schatzinsel

Das muss die Piratenbucht

Eines Tages entdeckte Jan in einer alten Seemannskiste ein vergilbtes Pergament. Auf ihm war der Weg zu einem geheimnisvollen Schatz auf der »Insel der guten Hoffnung« verzeichnet. Jan benachrichtigte sofort seinen Freund Tom, und mit einem Motorboot machten sich die beiden Jungen auf Schatzsuche, indem sie genau den Himmelsrichtungen folgten.

1) Lande in d. Piratenbucht. 2) Gehe nach S. bis "Schildkrötensand" 3) Nach O. bis Grab v. Admiral Pinkerton. 4) Nach N. bis z. Anker der "Maryland" 5) Gehe nach O. zur Quelle d. "Silver River". 6) Folge d. Flusslauf bis z. großen Wasserfall. 7) Gehe nach S. bis Kanone. 8) Nach O. bis zur "Höhle d. Klagenden Seelen" 9) Gehe nach N. und suche Zeichen + am Fels. 10) Gehe genau in Pfeilrichtung. Da liegt der Schatz!

Wo fanden Jan und Tom den Schatz?

In der Kiwi-Bucht

Unter den vielen Schiffen, die heute am frühen Morgen in der Kiwi-Bucht ankerten, war auch ein Schmugglerschiff mit heißer Ware an Bord.

Du kannst es auch jetzt noch von den beiden Burgfelsen mit deiner Armbanduhr anpeilen: Lege die Uhr genau fünf Minuten vor Zwölf nacheinander auf die gestrichelten Kreise. Richte die Uhr jeweils so aus, dass der Stundenzeiger auf den Leuchtturm zeigt, dann weist der Minutenzeiger auf das Schmugglerschiff. Verlängere bei beiden Linien den Minutenzeiger durch einen Bleistiftstrich. Wo sich die beiden Linien kreuzen, liegt das Schmugglerschiff.

Wie heißt das Schiff?

Unterwegs mit Professor Löwenzahn

Auf Expedition in Afrika

Abfahrt mit Hindernis

Endlich ging es los! Professor Hubertus Löwenzahn ging heute auf große Expedition nach Afrika und schloss sein Haus für ein halbes Jahr ab. Es sollte für diese Zeit unbewohnt bleiben. Das Gepäck war bereits verladen. Mit seinen Papieren und allen Haustürschlüsseln ließ sich der Professor zum Einschiffen von den Landungsbrücken über die Elbe zum Frachter bringen, als ihm plötzlich ein Gedanke durch den Kopf schoss.

»Ach du liebe Güte, schnell, wir müssen noch einmal umdrehen!«, rief er dem Barkassenführer zu. Mit einer scharfen Kurve nahm die Barkasse wieder Kurs auf die Anlegebrücke. Bereits zwanzig Minuten später erreichte Professor Löwenzahn wieder sein Haus. Er ging kurz hinein und anschließend direkt zu seinem Nachbarn.

Warum musste der Professor noch einmal zurück?

Kurz vor seiner Abfahrt

Neue Expedition

Schon vor seiner Abreise zu einer neuen Expedition stand Professor Löwenzahn im Blitzlicht der Tagespresse. Noch am Tag vor der Abreise hatten zwei Reporter des »Abendkuriers« ihn bei den letzten Vorbereitungen in seiner Wohnung überrascht und wollten ihn interviewen. Doch der Professor winkte nur ab, denn er hatte noch viel zu tun. Über seine Pläne könnte er nicht viel erzählen, und am nächsten Morgen müsste er bereits in aller Frühe auf dem Frachter sein.

Am Abreisetag, an Bord des Schiffes, studierte der Professor den Artikel des »Abendkuriers« und stellte fest, dass die beiden Reporter wieder einmal enorm übertrieben hatten. Fest stand jedoch, dass den beiden Journalisten ein grober Fehler in ihrer Berichterstattung unterlaufen war.

Welchen Fehler hatte der Professor bemerkt?

Neue Afrika-Reise von Professor Löwenzahn

Von unseren Sonderberichterstattern

Hamburg, 11. April

An Bord der »Haifa« verlässt heute der weltberühmte und vielfach geehrte Afrikaforscher Professor Hubertus Löwenzahn die Hansestadt. »Ich will der afrikanischen Wildnis ein sensationelles Geheimnis entreißen!«, soll der pressescheue Wissenschaftler, dessen fantastische Expeditionen in aller Munde sind, Freunden gegenüber geäußert haben.

Von Ägypten bis zum Kap Hoorn kennt Professor Löwenzahn das afrikanische Land bereits wie seine Westentasche. In der Vergangenheit hat er die Pyramiden besichtigt, die Sahara durchquert, das Leben der Gorillas in den tropischen Regenwäldern erforscht, die Kalahariwüste passiert und das Leben in der Savanne beobachtet.

Es ist jetzt zu vermuten, dass die neue Afrika-Reise des weltberühmten Professors die Menschen aller Erdteile aufhorchen lassen wird.

Plauderei auf der Schiffsreise

Die Schiffsreise näherte sich dem Ende, der Frachter hatte bereits die afrikanischen Küstengewässer erreicht. Außer den Besatzungsmitgliedern befanden sich noch sieben Passagiere an Bord. Bei einem Umtrunk in der Kapitänskabine hatte der Professor die Mitreisenden kennen gelernt. Jeder gab vor, mindestens einmal in Afrika gewesen zu sein, und jeder wusste ein Afrika-Erlebnis zu schildern. Aufmerksam hatte sich der Professor die Anekdoten angehört und war anschließend davon überzeugt, dass eine Person geflunkert hatte.

Wer hatte gelogen?

Alle Mann legten sich zur Nachtruhe. **Professor Löwenzahn** denkt noch einmal über die Geschichten nach, die er eben gehört hat. Einer hat gelogen! Er kann nach seinen Erzählungen nicht in Afrika gewesen sein. Hier lest ihr, was jeder erzählt hat.

Alois Blumentritt (berühmter Tierforscher): Für unseren Zoo in Deutschland fahre ich schon seit vielen Jahren nach Afrika. Einem jungen Elefanten habe ich sogar einmal das Leben retten können, als er von der Elefantenherde abgeirrt war.

Emilio Gonzalez (Farmer in Liberia): Ich bin auf der Rückreise in mein Heimatland. Dort besitze ich eine Bananenplantage. In Hamburg habe ich die dortige Marktlage studiert und versucht, neue geschäftliche Beziehungen anzuknüpfen.

Charly Armstrong (nordamerikanischer Weltenbummler): Ich habe leider bisher nur den Norden Afrikas kennen gelernt. Den größten Eindruck haben die gewaltigen Pyramiden in Ägypten auf mich gemacht.

Otto Ramschke (Glasperlenfabrikant): Ich kenne Afrika wie meine Westentasche und hoffe, jetzt mit meinen Fabrikaten hier gut ins Geschäft zu kommen. Ich bin außerdem Hobbyfotograf und habe in der Sahara ein Känguru gefilmt.

Peter Wunderlich (Maschinist): Ich war auf Urlaub in Deutschland und kehre jetzt nach Afrika zurück. Mit einem Schaufelbagger roden meine Kameraden und ich ein Gelände für eine Firma, die dort eine Kautschukpflanzung anlegt.

Benjamin Tokabe (Medizinstudent): Ich habe mein Medizinstudium an einer deutschen Universität beendet und fahre jetzt zurück in meine Heimat. Mutter und Vater warten in Monrovia, der Hafenstadt an der Westküste Afrikas.

Spurlos verschwunden

Das Schiff hatte angelegt und eigentlich wollte Charly Kroll, ein guter Studienfreund, den Professor abholen. Vor der Abreise aus Hamburg hatte Professor Löwenzahn noch eine Ansichtskarte von Charly erhalten, mit einem Foto von sich und seinem Hund »Whisky«. Durch sein Fernglas versuchte Professor Löwenzahn seinen Freund Charly ausfindig zu machen. Erst nach einer geraumen Weile entdeckte er ihn.

Wo war Charly Kroll?

Postcard

Lieber Hubertus!
Ich erwarte Dich mit meinem Hund 'Whisky' bei Ankunft des Schiffes an der Anlegestelle in Monrovia. Erkennst Du mich umseitig wieder?

Viele Grüße,
Dein
Charley

Herrn
Prof. H. Löwenzahn
<u>Hamburg</u>
Elbchaussee
<u>Deutschland</u>
Via Air Mail

Die Postkarte von Charly Kroll und seinem Hund »Whisky«.

Die Mannschaft des Professors

Gleich am dritten Tag nach seiner Ankunft machte sich der Professor auf, um eine Mannschaft für die schwierige und teilweise unwegsame Dschungelexpedition anzuheuern.

Viele Dorfbewohner waren sofort bereit, die Forschungsreise mit ihm anzutreten.

Lediglich drei Personen meldeten sich krank. Nach kurzer Überlegung war sich der Professor sicher, dass einer von ihnen nur vorgab, krank zu sein.

Welche Person war es?

Lullu meint, dass er an Zahnschmerzen leide.

Tetwi kommt mit einem eingegipsten Fuß.

Pongo ist zu entkräftet, um bei einer Expedition mitzumachen.

Der verschwundene Koffer

Ausgerechnet mit 13 Trägern hatte sich die Gruppe um Professor Löwenzahn zu seiner Forschungsreise aufgemacht. Langsam bahnten sich die Männer den Weg durch das Dickicht, dabei kam jedoch ein Gepäckstück abhanden. Sein Fehlen bemerkte Professor Löwenzahn jedoch erst am Abend beim Lagerplatz. Seine beiden afrikanische Freunde Romo und Katangu erklärten sich bereit, den Trampelpfad noch einmal zurückzulaufen, um den fehlenden Koffer suchen.

Wo war der Koffer?

Eine geheimnisvolle Höhle

Der Stammeshäuptling erzählte seinem Freund Professor Löwenzahn von einer nahe beim Dorf gelegenen Höhle. Mit einem Einbaum paddelten sie gemeinsam zu der Höhle. Die Zeichnung auf der Felswand erzählte vom großen Leid während der Zeit der Versklavung. Doch Professor Löwenzahn war sich nicht sicher, ob diese Zeichnung tatsächlich im Jahr 1783 entstanden war, oder womöglich doch erst später.

Welche Überlegung war richtig?

Achtung Aufnahme!

Professor Löwenzahn war überglücklich, denn erstmals war es ihm gelungen, die Niststätten eines exotischen Storchenvogels zu erforschen. Im unzugänglichen Sumpfdickicht hatte er eines der Nester dieses großen Vogels entdeckt. Sogleich wollte er mit Hilfe seiner Freunde die einzigartigen Stimmen dieser Vögel aufnehmen. Einer der Männer hängte das lange Kabel von oben aus in die Nähe des Nestes. Dann warteten sie im Wurzelgeflecht des hohlen Baumes, bis der Vogel seine Jungen gefüttert hatte. Der Krach war groß, doch als sie anschließend das Tonbandgerät einschalteten, kamen ganz andere Laute aus dem Apparat.

Woher stammten diese Laute?

Besuch am nächtlichen Lager

Professor Löwenzahn war mit seiner Mannschaft weiter in den Dschungel vorgedrungen, und nach der Durchquerung vieler Sümpfe und Flüsse beschlossen sie, einen Ruhetag einzulegen. Am Abend machte Professor Löwenzahn noch eine Eintragung in sein Tagebuch, bevor er die Petroleumlampe löschte. Während seine Freunde bereits schliefen, lauschte er den Stimmen des nächtlichen Urwalds. Doch plötzlich hörte er ein Geräusch im Zelt. In der Dunkelheit konnte der Professor nichts erkennen, alle seine Begleiter schienen zu schlafen. Sollte sich etwa ein Raubtier oder eine gefährliche Schlange in sein Zelt geschlichen haben? Erst später fiel dem Professor etwas auf. Da wusste er sofort, wer der nächtliche Besucher gewesen war.

Wer war der nächtliche Besucher?

Jonny's Hotel

Während seiner Expedition musste Professor Löwenzahn entdecken, dass selbst in diesem abgelegenen Gebiet Diebe ihr Unwesen trieben.

Eines Tages traf er mit seinen Leuten vor einem großen Blockhaus ein. »Jonny's Hotel« stand auf einem Schild. Als Professor Löwenzahn und seine Crew ihr Boot am Anlegeplatz festmachen wollten, stand der Wirt grinsend auf der Treppe und winkte ab: »Bedaure, meine Herren, das Hotel ist voll belegt.«

Es waren recht finstere Gestalten, die Professor Löwenzahn und seine Freunde anstarrten. Man hatte das Gefühl, dass hier etwas nicht stimmte.

Noch bevor Professor Löwenzahn fündig werden konnte, stupste ihn sein Freund Tobi an und machte ihn auf eine Schmuggelware aufmerksam.

Was wurde hier geschmuggelt?

Marabu, bitte melden!

»Hilfe, ich muss notlanden!« Das war der letzte Funkspruch des Diamantenhändlers Fred Kieselstein. Er selbst, sein Flugzeug »Marabu«, sein Hund Tobi und eine Tasche

voller Diamanten waren seitdem im Urwald verschollen. Sein Freund Professor Löwenzahn befragte die Eingeborenen in einem Dorf und machte sich dann auf die Suche.

Wo waren Fred, Tobi, das Flugzeug und die Tasche?

Ein Irrtum klärt sich auf!

Bei seiner Rückkehr wurde Professor Löwenzahn von den Dorfbewohnern sehr freundlich empfangen. Auf seiner Expedition hatte er in einem Buch alle Tiere, von denen er meinte, sie im Urwald gesehen zu haben, in Wort und Bild festgehalten. Er musste jedoch zur Kenntnis nehmen, dass ihm ein paar Fehler unterlaufen waren, denn ein Dorfbewohner machte den Professor auf drei Tiere aufmerksam, die es nicht im Urwald gibt.

Welche drei Tiere waren es?

Abenteuer im Wilden Westen

Neun Geschichten von Colts und Cowboys

In der Buffalo-Bar

Der Sheriff hatte die Tür zum Hinterzimmer der Buffalo-Bar aufgestoßen und stellte die Männer zur Rede. Gesucht wurde der Diamantschmuck aus dem Besitz der Henny Rosenbaum. Wo war er?

Goldrausch in Jerry-Hill

Billy Browns Goldklumpen mit den eingekratzten Buchstaben »BB« wurde gestohlen. Der Sheriff kam im rechten Augenblick, um den Dieb zu fassen. Wer hatte das Gold gestohlen?

Auf der Rocky Ranch

In diesem Blockhaus lebte Bruno Adams mit seinen vier Söhnen. Einer von ihnen war mit dem Gesetz in Konflikt geraten. Als der Sheriff erschien, war er bereits verschwunden. Wo war Archie?

In Jerry-Hill ist der Teufel los

Aus der Western Bank waren zehntausend Dollar geraubt worden. Der Bandit war gefasst, aber die Tasche mit dem Geld blieb spurlos verschwunden. Wo war sie wohl versteckt?

Wo steckte »Dreifinger-Joe«?

Der lang gesuchte Bandit »Dreifinger-Joe« sollte mit dem Zwölf-Uhr-Express angekommen sein. Der Sheriff warf noch einen Blick auf den Steckbrief. Wo entdeckte er den Banditen?

In letzter Sekunde

Durch einen anonymen Brief wurde ich gewarnt«, berichtete Sheriff Jim atemlos. »Banditen haben ein Attentat auf den Gold-Express geplant.«

»Vorwärts! Das müssen wir vereiteln!«, brüllte sein Freund Abraham.

Der Gold-Express näherte sich bereits fauchend der Holzbrücke über der Geierschlucht.

»Achtung!«, schrie der Sheriff plötzlich, »da ist ein Pulverfass! Der Zug ist in höchster Gefahr!«

In letzter Sekunde gelang es ihm, durch einen gezielten Schuss die brennende Zündschnur glatt zu durchtrennen.

Wo war das Fass mit dem Dynamit?

Unruhe in Silvertown

Gerade noch rechtzeitig wurden der Sheriff und sein Gehilfe Zeuge bei einem Duell in Silvertown. Sie entdeckten eine dritte Person, die aus dem Hinterhalt feuerte. Wo hatte sie sich versteckt?

Tumult im River Saloon

Hier roch es nach Pulverdampf. Beim Pokern hatte jemand das Kreuz-Ass verschwinden lassen. Der Sheriff kam herein, um den Falschspieler zu stellen. Wo war er?

Botschaft auf der Baumrinde

Nach einem langen Ritt war Goldsucher Billy in der Blockhütte seines alten Freundes Tom angelangt. Aber Tom war nicht da. In der Hütte fand Billy ein Stück Birkenrinde mit einer verschlüsselten Botschaft darauf. Sofort machte er sich daran, das Rätsel zu lösen.

<u>Waagerecht:</u> 2. Unterstellraum für Autos, 6. Teil eines Wagens, 7. Abkürzung für Nordosten, 8. Hafenmauer, 11. Räuber, Schurke, 12. Nagetier, 13. Täschchen für Schreibzeug, 15. kleine Frucht vom Strauch, 16. Hänsels Schwester.
<u>Senkrecht:</u> 1. Schwere Feuerwaffe, 2. weich gekocht, 3. anderer Name für den Storch, 4. wertvolles Metall, 5. Nachtlokal, 8. Halsschmuck, 9. Wassergefäß für Blumen, 10. Zahl, 12. getrocknetes Schnittgras, 14. ein Mädchenname.

Wo war der gesuchte Gegenstand zu finden?

Den Dieben auf der Spur

Suchaufgaben für Meisterdetektive

Luftpost der Stranddiebe

Jörg und Silke machten Stielaugen, als plötzlich eine Papierschwalbe neben ihnen im Sand landete.

»Nanu«, rief Jörg, »da steht ja was drauf!«

Sie falteten das Papier auseinander und stellten fest, dass es eine rätselhafte Nachricht enthielt.

»Merkst du was«, sagte Silke, »hier meldet ein Langfinger dem anderen, wo er seine Beute versteckt hat. Wir müssen unbedingt das Rätsel lösen und das Diebesversteck aufstöbern!«

<u>Waagerecht:</u> 2. Brettspiel, 6. Hauptstadt von Norwegen, 8. Teil der Schiffsausrüstung, 10. Ansiedlung, Stelle, 11. Zündschnur, 15. Wasserleitung, 16. Getränk, 17. Federvieh, 18. Wild.

<u>Senkrecht:</u> 1. Brennmaterial aus dem Moor, 2. kurze Stichwaffe, 3. erwachsener Junge, 4. Schwimmvogel, 5. Teil des Körpers, 7. Teil des Kopfes, 9. Halsschmuck, 12. Zeitanzeiger, 13. Seenotsignal, 14. Teil des Fußes.

Was entdeckten die Kinder im Versteck?

Wer war der Brillantendieb?

Eines Nachts wurde Wachtmeister Hansen von der Witwe Rita Findeisen zur Hilfe gerufen.

»Ein Einbrecher ist eben in meiner Wohnung gewesen«, erklärte Frau Findeisen erregt, »meinen ganzen Brillantschmuck hat er mitgenommen!«

Auf der mit Rostschutzfarbe frisch gestrichenen Feuerwehrleiter stellte der Beamte Spuren fest. Eine halbe Stunde später, auf seinem Streifengang, fand Wachtmeister Hansen beschmierte Handschuhe am Straßenrand, unweit der Bar »Zur Laterne«.

Er ging in das Lokal und sah sich die Gäste an. Bereits nach kurzer Zeit wusste er, wer der Dieb war.

Was verriet den Dieb und wer war es?

Der Schatz des Posträubers

Sie befinden sich im ehemaligen Kerker der Burg Felsenfest. Hier wurde der berüchtigte Postkutschenräuber Hajo Hansen gefangen gehalten. Nie hat er verraten, wo er damals seinen Schatz versteckt hat.« Während der Fremdenführer dies einer Reisegesellschaft erklärte, entdeckte der kleine Frederik ein seltsames Kreuzworträtsel auf der Mauer. Nach kurzer Zeit wusste er, wo der Schatz zu finden war.

<u>Waagerecht:</u> 5. Gebiet mit Bäumen, 8. Nachtvogel, 10. Gartengitter, 11. Gesichtsausdruck, 13. Winkel im Zimmer, 14. Haustier, 15. Spielkartenzeichen, 16. halbwarm, 20. Kindeskind, 22. Gegenteil von Wärme, 23. Gebiet zwischen Bergen, 25. Hast.

<u>Senkrecht:</u> 1. offene Feuerstelle, 2. Gewässer, 3. Hinterteil eines Schiffes, 4. Monatsname, 6. Mädchenname, 7. Stichwaffe, 9. Klebstoff, 10. Gefängnisraum, 12. Blume, 14. Gewürz, 15. Tablette, 17. Schulsaal, 18. Tonne, 19. Strick, 21. Hühnerprodukt, 24. Spielkarte.

Wo war der Schatz des Postkutschenräubers?

Der verschwundene Zwerg

Den ganzen Sommer über hatte Olivers Gartenzwerg Puck vor der Tür gestanden. Jetzt war er plötzlich verschwunden. Oliver und seine Freunde waren ratlos. Hatte ihn vielleicht jemand gestohlen?

Nach eifriger Suche kamen er und seine Freunde schließlich dem Gartenzwerg auf die Spur.

Wo steckte Puck?

Auf Schatzsuche

Fünf geheimnisvolle Rätselgeschichten

Rätselhafte Geheimschrift

Es schien ein gänzlich leerer Zettel zu sein, den die Indianer dem Cowboy abgenommen hatten. Aber der Indianerhäuptling ahnte, dass auf dem Papier etwas mit Zitronensaft geschrieben stand. Er hielt das Blatt über eine brennende Kerze und siehe da, die Geheimschrift wurde sichtbar.

Waagerecht: 6. Fotoapparat, 9. Kopfbedeckung, 10. Anerkennung, Schmeichelei, 12. Beschlag am Pferdefuß, 15. Ozean, 16. Stacheltier, 17. Teil des Auges, 18. Gebiet zwischen den Bergen.

Senkrecht: 1. männliches Federvieh, 2. Backmittel, 3. gelbes Futterkorn, 4. unterirdischer Verkehrsweg, 5. Tischlerwerkzeug, 7. Teil des Gesichts, 8. Überbleibsel, 9. Mädchenname, 11. weiche Speise, 13. Teil eines Heftes, 14. Planet.

Welcher Schatz ist hier versteckt?

Vier Bäume im Schlosspark

Ein sagenhafter Schatz aus längst vergangener Zeit sollte im Park des Schlosses Schwanenbronn verborgen sein. Das verriet eine alte Skizze, die Till und Bettina in der Schlossbibliothek aufstöberten.

Zuerst mussten sie vier Bäume der gleichen Art aufsuchen und unten am Stamm gedanklich einen Punkt einzeichnen. Wenn man je zwei Punkte mit einer Linie so verband, dass sich diese kreuzten, war auf deren Schnittpunkt ein Schatz zu finden.

Till und Bettina liefen aufgeregt in den Park. Da gab es mehrere Baumarten. Es galt daher, die richtigen Bäume ausfindig zu machen.

Wo lag der Schatz?

Das goldene Erbstück

Krögers wollten ihr Dachzimmer neu herrichten und rissen die alte Tapete mit dem verblichenen Rosenmuster ab. Unter einem Tapetenfetzen kam ein Rätsel zum Vorschein. Die Kinder stellten fest, dass ihr Großvater es vor vielen Jahren auf die Wand geschrieben haben musste. Wer es löste, konnte ein Erbstück auf dem Dachboden finden.

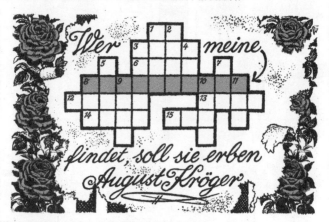

<u>Waagerecht:</u> 1. Abkürzung für Doktor, 3. Bestandteil des Körpers, 6. zurückkommender Schall, 12. Inhalt einer Zigarette, 13. Jungenname, 14. Mädchenname, 15. Gewässer.
<u>Senkrecht:</u> 1. oberer Teil eines Hauses, 2. Stille, 3. Reihe von Büschen, 4. Knetmasse, 5. schwarzer Vogel, 7. Hörorgan, 8. Landschaft zwischen Bergen, 9. feine Erde am Strand, 10. Gewässerrand, 11. Wild aus dem Wald.

Wo ist der goldene Schatz versteckt?

119

Der Brief der Prinzessin Ilsebill

Auf Burg Eulenstein wohnte nur noch der Kastellan, Herr von Biedermeyer. Als er eines Tages in der Ahnengalerie die Bilder abstauben wollte, fiel das Gemälde der schönen Prinzessin Ilsebill herunter. Der Rahmen brach entzwei und ein von Kinderhand geschriebener Brief kam zum Vorschein. Herr von Biedermeyer konnte nur mit Mühe das vergilbte Pergament entziffern:

> Burg Eulenstein am 7. August 1727
> Ich, Prinzessin Ilsebill, habe keine Lust mehr, Prinzessin zu sein, weil mein Vater, der König, mir verboten hat, mit den Kindern der Umgebung zu spielen. Deshalb habe ich einfach meine Krone versteckt. Unten am Burggraben steht das Tannenbäumchen, das an meinem Geburtstag vor acht Jahren gepflanzt worden ist. Genau an der Spitze des Tannenschattens habe ich heute, am 7. August, Punkt zehn Uhr, mein Krönchen verborgen.
> Prinzessin Ilsebill

Am 7. August genau um zehn Uhr begann der Kastellan an der angegebenen Stelle zu graben. Aber die Krone fand er nicht.

Woran hatte Herr von Biedermeyer nicht gedacht, und wo war das Krönchen?

Der rätselhafte Kieselstein

Lindemanns hatten sich für die Ferien in der alten Mühle am Murmelbach einquartiert. Als die Kinder am Bach spielten, entdeckten sie einen großen, flachen Kieselstein, auf den jemand mit Bleistift ein Rätsel aufgezeichnet hatte. Die Kinder ahnten natürlich, dass das ihr Vater gewesen war, und machten sich sogleich daran, das Rätsel zu lösen.

<u>Waagerecht:</u> 4. großer Mensch, 7. Zeitabschnitt von 24 Stunden, 11. Waschraum, 12. Metall, 13. was das Huhn legt, 14. Zahl, 15. Schreibzeug-Täschchen, 16. Wasservogel.

<u>Senkrecht:</u> 1. Gefrorenes, 2. Teil eines Gedichts, 3. schlangenartiger Fisch, 4. Teil eines Fahrzeuges, 5. Tier aus den »Bremer Stadtmusikanten«, 6. Waschmittel, 7. Verwandte, 8. Eisenbahnschiene, 9. Gebiet mit vielen Bäumen, 10. Gartenanlage.

Wo war der gesuchte Gegenstand versteckt?

Auflösungen

Seite 8: Das sechsteilige Rundbogenfenster spiegelt sich auf der Flasche wider.

Seite 10: Herr Hellmann musste soeben telefoniert haben. Der Hörer liegt anders herum.

Seite 12: Der Mann mit der Zigarette. Er versenkte die Brosche schnell im Kaffee.

Seite 14: Viktor hatte einen Skistock im Schnee entdeckt.

Seite 16: Angela hatte den Aufziehschlüssel entdeckt, der auf dem Tisch lag, an dem der Mann mit dem Heftpflaster saß.

Seite 18: Der Mann mit dem Heftpflaster hatte das Schiff im Vogelhäuschen versteckt.

Seite 20: Die Tür zum Büro wurde geöffnet; der abgebrochene Eiszapfen verriet es.

Seite 22: Unter den Gegenständen befand sich auch Frau Feuerbachs Regenschirm.

Seite 24: In der Taschenlampe. Die drei fortgeworfenen Batterien hatte Angela unter dem Auto entdeckt.

Seite 26: Der Dieb war der Angler. Die Farbstreifen an den Fußsohlen verrieten ihn.

Seite 30: Charlotte entdeckte Napoleon im Kaninchenbau (oben rechts im Bild).

Seite 32: Förster Grünkorn entdeckte die Höhle dort, wo ein kleiner Schornstein aus dem Waldboden herausragte.

Seite 34: Förster Grünkorn hatte festgestellt, dass die Kerze heruntergebrannt war.

Seite 36: Der Stamm lag auf dem Lastauto. Der Förster erkannte ihn an den Jahresringen.

Seite 38: Das waren die Birnen, die vom Baum in die Waschschüssel fielen.

Seite 42: Der Kapitän war in der Bar, Polly guckte unten aus dem Bullauge, Pongo oben aus dem Entlüfter.

Seite 44: Nahe der Schiffsschraube hielt ein Fisch die Uhr im Maul.

Seite 46: Verbindest du die 13 Steine, entsteht ein Pfeil. Er zeigt auf einen Beutel unter einem großen Stein.

Seite 48: Waagerecht: 7. Tomate, 9. Matrose, 10. Rothaut, 11. Engel. – Senkrecht: 1. Boot, 2. Lama, 3. Kette, 4. Frost, 5. Klee, 6. Berg, 8. Tau. – In der Laterne lag eine goldene Krone.

Seite 50: Im Geäst des Baumes, auf dessen Stamm das Kreuz eingezeichnet ist, befindet sich eine Gitarre.

Seite 52: Jan und Tom entdeckten eine Schatztruhe voller Goldtaler im Wald in der Nähe des Vulkans.

Seite 54: Das Schiff hieß Rosa.

Seite 58: Professor Löwenzahn musste natürlich noch seine Fische im Aquarium füttern und anschließend den Haustürschlüssel zu seinem Nachbarn bringen, damit er die weitere Pflege der Tiere übernehmen konnte.

Seite 60: Der Fehler war das Kap Hoorn. Es befindet sich in Südamerika. Die Reporter hatten es mit dem Kap der Guten Hoffnung verwechselt.

Seite 62: Gelogen hatte der Glasperlenfabrikant Otto Ramschke. Er will in der Sahara ein Känguru erlegt haben. Diese leben jedoch nur in Australien.

Seite 64: Es war nicht leicht, Charly Kroll ausfindig zu machen. Er verließ gerade die Zollstation. Nur seine Nase, die Pfeife und sein Hund »Whisky« waren zu erkennen.

Seite 66: Tetwi hätte, um seine Ausrede glaubhaft zu machen, die Krücke unter die andere Achsel schieben müssen.

Seite 68: Der Koffer war oben rechts zwischen den Lianen zu finden.

Seite 70: Es war natürlich der moderne Dampfer, der verriet, dass die Höhlenmalerei später entstanden sein musste.

Seite 72: Ein Affe hatte sich das Mikrofon geschnappt.

Seite 74: Einer aus der Mannschaft hatte sich zum Professor geschlichen, um für seine Pfeife etwas Tabak zu stibitzen.

Seite 76: Elfenbein wurde in Jonnys Urwald-Hotel geschmuggelt.

Seite 78: Fred Kieselstein war unten rechts im Bild bei den Krokodilen, der Hund unten links neben dem schwarzen Stamm des Urwaldbaumes. Die Tasche hielt oben in der Mitte ein Affe in seinen Händen und das Flugzeug war oben links hinter den Bäumen zu sehen.

Seite 80: Löwe, Zebra und der Strauß.

Seite 84: Die Diamanten steckten im Büffelkopf.

Seite 86: Der Goldklumpen lag unter dem Pferdesattel rechts oben.

Seite 88: Archie war im Brunnen.

Seite 90: Die Geldtasche war auf dem Wagen der Red Farm.

Seite 92: Der Gesuchte stand als Frau verkleidet an der Bahnhofstreppe.

Seite 94: Das Pulverfass lag rechts oben unter dem Felsen.

Seite 96: Der dritte Schütze war im Kornsack.

Seite 98: Der Falschspieler fiel gerade von der Treppe.

Seite 101: Waagerecht: 2. Garage, 6. Rad, 7. NO, 8. Kai, 11. Bandit, 12. Hase, 13. Etui, 14. Beere, 16. Gretel. – Senkrecht: 1. Kanone,

2. gar, 3. Adebar, 4. Gold, 5. Bar, 8. Kette, 9. Vase, 10. vier,
12. Heu, 14. Ute. – Der Revolver lag im hohlen Baumstamm.

Seite 104: Waagerecht: 2. Dame, 6. Oslo, 8. Anker, 10. Ort, 11. Lunte,
15. Rohr, 16. Tee, 17. Gans, 18. Reh. – Senkrecht: 1. Torf,
2. Dolch, 3. Mann, 4. Ente, 5. Arm, 7. Stirn, 9. Kette, 12. Uhr,
13. SOS, 14. Zeh. – Im Fischnetz lag ein Fernglas.

Seite 106: Der Dieb war der dritte Mann von links. Farbflecken auf den Fußstangen am Bartisch und am Hocker verraten ihn.

Seite 108: Waagerecht: 5. Wald, 8. Eule, 10. Zaun, 11. Miene, 13. Ecke,
14. Ziege, 15. Pik, 16. lau, 20. Enkel, 22. Kaelte, 23. Tal, 25. Eile.
Senkrecht: 1. Kamin, 2. See, 3. Heck, 4. August, 6. Liesel,
7. Degen, 9. Leim, 10. Zelle, 12. Nelke, 14. Zimt, 15. Pille, 17. Aula,
18. Fass, 19. Seil, 21. Ei, 24. Ass. – Auf der Insel im Fluss war eine Schatztruhe verborgen.

Seite 110: Der Gartenzwerg lag in dem Holzkarren unter dem Herbstlaub.

Seite 114: Waagerecht: 6. Kamera, 9. Hut, 10. Lob, 12. Hufeisen, 15. Meer,
16. Igel, 17. Lid, 18. Tal. – Senkrecht: 1. Hahn, 2. Hefe, 3. Mais,
4. Tunnel, 5. Hobel, 7. Mund, 8. Rest, 9. Helga, 11. Brei, 13. Seite,
14. Erde – Der in den Brennnesseln

Seite 116: Verbindest du die vier Eichen, findest du unter der Brücke einen Beutel mit Goldtalern.

Seite 118: Waagerecht: 1. Dr, 3. Haut, 6. Echo, 12. Tabak, 13. Fred,
14. Lene, 15. See. – Senkrecht: 1. Dach, 2. Ruhe, 3. Hecke,
4. Ton, 5. Rabe, 7. Ohr, 8. Tal, 9. Sand,
10. Ufer, 11. Reh. – Die Taschenuhr lag links oben auf dem Balken.

Seite 120: Herr von Biedermeyer hatte nicht daran gedacht, dass die Tanne seit dem Jahre 1727 enorm gewachsen war. Ihr Schatten war also auch viel länger geworden. Das Krönchen lag im Schatten der Tanne in einer Felsspalte.

Seite 122: Waagerecht: 4. Riese, 7. Tag, 11. Bad, 12. Eisen, 13. Ei, 14. elf,
15. Etui, 16. Ente. – Senkrecht: 1. Eis, 2. Vers, 3. Aal, 4. Rad,
5. Esel, 6. Seife, 7. Tante, 8. Gleis,
9. Wald, 10. Beet. – Herr Lindemann hatte den Wasserball auf dem Birnbaum versteckt.

Hans Jürgen Press
Das große Rätselbuch für Spürnasen

ca. 256 Seiten, ISBN 978-3-570-22559-2

Eine Schatzsuche auf dem Bauernhof, eine verräterische Nase im Konzertsaal oder ein verschwundener Koffer: Die liebevoll geschriebenen Texte und schön gestalteten Illustrationen von Hans Jürgen Press lassen Kinder begeistert auf Spurensuche gehen. Ganz nebenbei werden auch noch Kombinationsgabe und genaues Hinschauen gefördert.

www.cbj-verlag.de

Philip Kiefer
Besucht ein Krokodil den Nil

ca. 256 Seiten, ISBN 978-3-570-22545-5

Sommer, Sonne, Lachanfall. Mit urkomischen Witzen, genialen Scherzfragen und lustigen Schüttelreimen bleibt auch bei strahlendem Sonnenschein kein Auge trocken. Egal ob zu Hause oder im Urlaub, hier hat jeder was zu lachen.

www.cbj-verlag.de